Albrecht Goes

Ein Winter mit Paul Gerhardt

Neukirchener Verlag

Neukirchener Verlag des Erziehungsvereins GmbH
Neukirchen-Vluyn

Umschlaggestaltung unter Verwendung einer Liedseite aus dem Wittenbergischen Gesangbuch nebst Gebeten und Andachtsübungen von 1788: Kurt Wolff, Düsseldorf
Gesamtherstellung: Breklumer Druckerei Manfred Siegel
Printed in Germany – ISBN 3-7887-0479-9

CIP-Kurztitelaufnahme der Deutschen Bibliothek

Goes, Albrecht:
Ein Winter mit Paul Gerhardt/Albrecht Goes. –
2. Aufl., 14.–17. Tsd. – Neukirchen-Vluyn:
Neukirchener Verlag, 1979.
ISBN 3-7887-0479-9

Lectiones in Natalitijs Christi. 1.

1

PRIMA LECTIO

Ihr Christl. liebende und Christl. bedachte Zuhörer, die Verheissungen von dem Messia, oder Heylande der Welt, dardurch das Menschen ist offenbahret und verkündiget worden;

Die erste wird uns vorgehalten 1. B. M. 3. und lautet also: Ich will Feindschafft setzen zwischen dir und dem Weibe, und zwischen deinem Saamen und ihrem Saamen, derselbe soll dir den Kopff zutreten, und du wirst ihn in die Ferschen stechen. In dieser Verheissung will [illegible] unsere erste Eltern, da sie durch des Teufels [illegible] verführet und in todes schrecken und Höllenangst gesetzet, wiederumb trösten, denn sie verheisse ihnen, das Christus als wahrer Mensch, dem Teufel seine Gewalt nehmen, und alles, das durch den Fall verlohren war, wiederumb zu rechte bringen, wie denn mit dieser tröstlichen Verheissung und Evangelischen Predigt die

Die Handschriftenprobe zeigt den Anfang einer Christfestmeditation aus Paul Gerhardts Lübbener Amtszeit (›Lectiones in natalijs Christi‹) aus dem Sammlungsbestand der Deutschen Staatsbibliothek Berlin/DDR, z.Z. Berlin, Staatsbibliothek Preußischer Kulturbesitz, früher Preußische Staatsbibliothek. Autor und Verlag danken für die Erlaubnis, das Dokument hier veröffentlichen zu dürfen.

›Mir fehlt es nie an Dingen, die ich preisen kann.‹ Thornton Wilder läßt in den ›Iden des März‹ seinen Cäsar diesen Satz am Sterbebett des Catull niederschreiben und – einer Vision folgend – fortfahren: ›Ich stellte mir vor, ich hätte eine Schar ausgewählter Männer und Frauen um mich, besonders junger, denen ich zu sagen wünschte, was alles ich – als Knabe und Mann, Soldat und Staatslenker, als Liebhaber, Vater und Sohn, als Leiden und Freuden Erlebender – Sophokles schulde. Einmal, bevor ich sterbe, wollte ich mein von Dank und Lob übervolles Herz ausschütten, das allsogleich wieder gefüllte. Ja, er war ein Mann und seines war Manneswerk.‹

Der Satz traf mich. Ich dachte, ich sollte – einen Winter hindurch – aufschreiben, was alles ich – als Knabe und Mann, als Vater und Sohn, als Erzähler und Prediger, als ein vom Vers Getroffener und nach dem Gedicht Verlangender, als Leiden und Freuden Erlebender – Paul Gerhardt schulde.

So sollte es sein: in einer Novembernacht, in einer Stunde der Adventszeit, am zweiten Weihnachtsabend vielleicht, am Neujahrstag, in der Karwoche würde ich mir Notizen machen. In Einzelerfahrungen wollte ich mir bestätigen, was ich summarisch wußte seit eh und je: dreihundert Jahre sind mehr Zeit als unser Sinn sich erdenken kann. Aber wenn wir an die Lieder des Paul Gerhardt geraten, dann sind diese drei Jahrhunderte, als wären sie nicht. Wir sind freilich – an dieser Erkenntnis können wir uns nicht vorbeidrücken – ein zweifelsüchtiges Geschlecht und, was den Christenstand angeht, ein weithin ungläubiges Volk geworden. Aber wo immer sich der und der etwas bewahren konnte vom – ich sage nicht: vom Schleiermacherschen ›Sinn und Geschmack für das Unendliche‹, ich will sagen vom Augustinischen ›Zu Dir hin hast du uns geschaffen‹, da hat die einfältige Gerhardtsche Bitte ihren Wohnraum: ›Sprich Ja zu meinen Taten.‹

Wohnraum. Gegenwart, Dauer und Bestand. Ich suche – und finde, was unser Land angeht, keinen Vergleich. Die Griechen hatten ihren Homer. Die Italiener hatten, haben, wenn die Berichte zuverlässig sind, ihren Dante. Wir – *haben* wir *so* Goethe, Mörike, das Volkslied aus des ›Knaben Wunderhorn‹? Doch wohl nicht. Aber ›Die güldne Sonne‹, ›Befiehl du deine Wege‹, ›Wir gehn dahin und wandern‹: diese Strophen, entstanden am Ende des Dreißigjährigen Krieges, so viel Kriege überdauernd, den Siebenjährigen, die des neunzehnten Jahrhunderts und mit unverminderter Gegenwartskraft die des zwanzigsten, Kriegs- und Friedenszeiten, sie sind, so dünkt uns, entnommen der vergehenden Zeit. Wir mögen den Wandel der Kirchen-, Welt- und Geistesgeschichte bedenken: Pietismus, Aufklärung, die Zeitalter des Idealismus, des Realismus in vielerlei Gestalt: Barock, Klassik, Romantik, Expressionismus und Existentialismus: das kam und ging, das kommt und geht. Gerhardt war da und blieb da.

7. November

Wir kennen diese Texte – und nichts wird uns bei dem Versuch einer Würdigung so viel Mühe machen wie gerade die Tatsache, daß wir sie fast *zu* gut kennen, um noch den Abstand zu gewinnen, der sie uns recht ins Blickfeld rückt. Einige von diesen Strophen lernten wir fast zugleich mit dem Sprechen der Sprache überhaupt: ›Narzissus und die Tulipan / die ziehen sich viel schöner an / als Salomonis Seide.‹ Noch im Knabenalter, als wir die Ahne begruben, hieß es: ›Ich wandre meine Straßen, / die zu der Heimat führt, / da mich ohn alle Maßen / mein Vater trösten wird.‹ Als wir Hochzeit machten, stand bei uns das ›Wohl her, mein König, nah herzu! / Gib Rat im Kreuz, in Nöten Ruh, / in Ängsten Trost und Freude.‹ Am Taufstein der Erstgeborenen erbaten wir's: ›Er gebe uns ein fröhlich Herz, / erfrische Geist und Sinn / und werf all Angst, Furcht, Sorg und Schmerz / ins Meeres Tiefe hin!‹ Am Karfreitag 1945, im Feldgottesdienst bei Znaim, sangen wir: ›Erscheine mir zum Schilde, / zum Trost in meinem Tod . . .‹ Und am Grab des Vaters dann: › – alsdann laß deine Liebestreu, /

Herr Jesu, bei mir stehen, Luft zuwehen – ‹. Und an einem dunklen Tag begleitet mich dies: ›Ach komm, mein Gott, und löse / mein Herz, wann dein Herz will.‹

Und was ich hier vom eigenen Weg und Leben sage, das sagen andere in nicht sehr viel anderen Worten: in andrer Konfession, andrer Sprache, und es gilt über viele Räume und Zeiten hin.

Ich vergegenwärtige mir, daß es zwischen 1670 und 1930 kein evangelisches Alumnat gegeben hat, in dem eine Hausregel Morgen- und Abendandacht vorsah, wo nicht in sicherem Turnus diese Lieder wieder und wiederkehrten. Ich sage Orte und Namen. Schulpforta also, Klopstock und Nietzsche; Lessing in Meißen; Hölderlin und Hegel im Tübinger Stift. Ich denke an die Thomana in Leipzig, an das Johanneum in Hamburg, an das Waisenhaus in Halle an der Saale; an Mörike in Urach und Hermann Hesse in Maulbronn. Aber auch an die Stube der Frau Rat Goethe und an Schleiermachers Dreifaltigkeitskirche, an Zinzendorfs Herrnhut und Blumhardts Bad Boll; an die Bandweberstube Tersteegens in Mülheim an der Ruhr und an Gellerts Arbeitszimmer; an den Bischof von Paderborn, der – im Jahre 1765 – das Imprimatur für ein neues katholisches

Gesangbuch zu erteilen hatte, in dem ›Sollt ich meinem Gott nicht singen?‹ stand und ›Warum sollt ich mich denn grämen?‹ und ›O Haupt voll Blut und Wunden‹. So viele Orte geistigen und geistlichen Lebens, so wesensverschiedene. Ich spreche kein Werturteil aus; ich hüte mich vor der Wendung: Gerhardt erscheine als der ›alles überragende Turm‹. Aber ich stelle fest: an allen diesen Orten war *auch* dieser Mann anwesend, und alle diese Lebensbereiche hat er mitbestimmt.

9. November

Ihn selbst freilich, den Mann Paul Gerhardt: seltsam, ich sehe ihn nicht sehr deutlich vor mir. Ich rufe mir zum Vergleich einige Gedichte her, die mir ebenso vertraut sind wie die Gerhardtschen Lieder; also Brentanos ›Stern und Blume, Geist und Kleid‹, Goethes ›Harzreise im Winter‹, Mörikes ›Tännlein‹ oder Hofmannsthals ›Großmutter und Enkel‹. Wie genau sehe ich da zugleich mit den Gedichten auch die Dichter: ihre Lebensumstände, ihre Wege und Begegnungen, ihre Handschrift. Paul Gerhardt ist für mich, wie ein andrer Mann gleichen, das heißt: ersten Ranges, wie Johann Peter Hebel, nur in Umrissen sichtbar. Man kennt ein Bild aus den Kirchen von Lübben und Mittenwalde; Fontane kommt in seinen ›Wanderungen‹ auf dieses Bild zu sprechen: ein kräftiges Pastorengesicht, ruhig, gesammelt, bäuerliches Erbgut geistig verwaltend, sieht uns an. Daß dieser Mann ›in cribro Satanae versatus‹ – ›im Sieb des Satans geschüttelt‹ – worden sei, sagt die Unterschrift. Nicht eigentlich das Bild selbst.

Hier die Vita: in einigen Sätzen ist das

Nötigste gesagt. Geboren am 12. März 1607 in Gräfenhainichen als Sohn eines Ackerbauern und Bürgermeisters. Früh verwaist. Nach dem fünfzehnten Lebensjahr Alumnat auf der Fürstenschule in Grimma. Studium der Theologie und der – durch Opitz bestimmten, von Augustus Buchner gelehrten – Poetik in Wittenberg. Dann lange, merkwürdig lange Kandidatenjahre. Von 1651 bis 1657 Propst in Mittenwalde; danach neun Jahre lang Diakonus an St. Nicolai in Berlin. Dann folgt ein kirchengeschichtlich nicht unwichtiges, schmerzliches Intermezzo: Paul Gerhardt wird – durch kurfürstlichen Befehl – seines Amtes enthoben. Im Jahr 1669 übernimmt er, außerhalb Brandenburgs, in der Spreewaldverborgenheit, das Amt des Archidiakonus von Lübben. Dort ist er, im siebzigsten Lebensjahr, am 27. Mai 1676 gestorben. Die Kirchenbücher von Mittenwalde und Berlin nennen einige weitere wichtige Lebensdaten. 1655 die Eheschließung mit Anna Maria Berthold; danach einige Kindertauftage und -todestage; 1668 den Todestag seiner Frau. Überlebt hat ihn nur ein Sohn, der, dem Vater gleich, Theologie studierte, später Konrektor in der Nähe von Riga wurde, dann Privatlehrer in Zerbst; seine Spur verliert sich im Undeutlichen.

Über das Werk soviel: erhalten sind einige Predigten, Leichensermone zumeist, eine Anzahl Gutachten, zur Auseinandersetzung mit dem kurfürstlichen Konsistorium gehörig; ein paar lateinische Huldigungs- und Glückwunschgedichte, verfaßt im Stil der Zeit; ein – kurz vor seinem Tod niedergeschriebenes, für den Sohn bestimmtes Testament, dessen Ton übrigens in dem berühmten Brief des Matthias Claudius an seinen Sohn Johannes wiederkehrt. Dies – und etwa hundertdreißig Lieder, von denen mehr als ein Drittel auf eine Weise gegenwärtig sind wie sonst kein geistliches Wort aus der Überlieferung unserer neunzehnhundertjährigen Christenheitsgeschichte.

›Er war ein Mann – und seines war Manneswerk‹: wir können das Eingangszitat aufnehmen. Die Lieder stammen, fast ohne Ausnahme, aus den zwei Mannesjahrzehnten zwischen dem vierzigsten und dem sechzigsten Lebensjahr. Jahreszahl der Entstehung bei den einzelnen Liedern zu nennen ist nicht nötig; man kann nicht eigentlich von einer Entwicklung sprechen (wie man – aber das ist ein anderer Fall – bei Mörike davon nicht sprechen kann; Mörike war dreiundzwanzig Jahre alt, als er das Mitternachtslied schrieb und also ›fertig‹ war): Gerhardt begann spät und verstummte früh. Will man durchaus gruppieren, so mag man unterscheiden: Lieder, die sich an ältere Texte anlehnen, an lateinische Stücke des Bernhard von Clairvaux oder an Meditationen aus Johann Arnd's ›Paradiesgärtlein‹. Dann: Nachdichtungen von Psalmen, wie etwa ›Du, meine Seele, singe‹, das dem 146. Psalm folgt. Schließlich die große Reihe der freigestalteten Lieder.

Ewigkeitssonntag

Vielleicht findet man kein einziges Lied, das man ohne Wenn und Aber ›vollkommen‹ heißen möchte, in dem Sinn, in dem es bei seinem Zeitgenossen Andreas Gryphius und vielleicht auch bei Paul Fleming vollkommene Gedichte gibt. Und doch: als Summa ist das Gerhardtsche Werk ein Fundamentalwerk unserer Geistesgeschichte, aere perennius.

Die Grundregel der Lyrik lautet: daß es in einem Gedicht, genaugenommen, keine ›guten Stellen‹ geben darf, keine hervorragenden Strophen, keine besonderen Zeilen: ein Gedicht ist entweder an jeder Stelle vorzüglich – oder es ist nichts. Aber diese Grundregel scheint Ausnahmen zu gestatten; Goethe ist eine solche Ausnahme. Die überzeugendste Ausnahme aber, die mir begegnet ist, heißt nun wirklich: Paul Gerhardt.

Längen. Natürlich Längen. Fünfzehn, achtzehn Strophen. Wer kann das singen? Ja: wer will das lesen?

Dennoch: sollte ich eine Auswahl Gerhardtscher Lieder herausgeben, so würde ich mich bei ihm für einen ungekürzten Abdruck der Texte entscheiden. Ich würde, was ich sonst bei keiner Anthologie gutheißen könnte, in Kauf nehmen, daß eine Anzahl Strophen geringeren Ranges mitgedruckt werden. Denn was Gerhardts Lieder lang werden läßt, ist nicht loquacitas pastoralis, pastorale Redseligkeit, sondern eine meditatio infinita, ein unaufhörliches Sinnen und Trachten. Freilich wird bei Gerhardt nicht hinter den Vorhängen meditiert, sondern, das Bild mag gelten, am Fenster, im Blick auf die Vorübergehenden, ja, mitunter dann auch so, daß der ungenannte Partner selbst zu Wort kommt, zu Wort kommt mit seinem Zweifel: ›Sprich nicht: Ich sehe keine Mittel; / Wo ich such', ist nichts zum Besten‹ – worauf der Mann im Fenster zur Antwort gibt: ›Denn das ist Gottes Ehrentitel: / Helfen, wann die Not am größten. / Wenn ich und du / ihn nicht mehr spüren, / da schickt er zu, / uns wohl zu führen. / Gib dich zufrieden!‹

Noch nach fast vierzig Jahren bin ich froh – jetzt kann man die hübsche Geschichte erzählen, sie schmerzt niemanden mehr – Katharina Kippenberg ›in Sachen Paul Gerhardt‹ Widerpart geleistet zu haben. Es war im Jahr 1938; sie hatte eben ihre kleine Sammlung ›Deutsche Gedichte‹ in der Inselbücherei ediert, und ich bestätigte ihr mit Freuden, daß dies eine vortreffliche Sammlung sei; nur über Paul Gerhardt waren wir nicht einer Meinung. Sie hatte aus dem großen Sommerlied ›Geh aus, mein Herz‹ nur die ersten acht Strophen aufgenommen. »Die sind herrlich«, sagte sie; »aber was dann kommt, ist gereimte Theologie.« »Nein«, sagte ich – und es war gar nicht einfach, der ›Herrin‹ des Inselverlags ins Angesicht hinein zu widersprechen – »hier darf keine Strophe fehlen. Die vox coelestis aus den Strophen 9 bis 11 nimmt alles Vorausgegangene auf; sie transponiert das Schöpfungsbild ins Ewigkeitsbild: über der ›armen Erde‹ ersteht das ›feste Himmelszelt‹, über der ›schönen Gärten Zier‹ ›Christi Garten‹, und der Gesang der Schöpfung geht über in den Lobgesang der Erlösten. In der zwölften Strophe aber kehrt der Ewigkeitsverlangende zur Erde zurück, zu dem ›Hier‹, da ›des Leibes Joch‹ zu tragen ist, und dann folgt in den letzten Strophen die Bitte um den Heiligen Geist, den der Erdensohn für seinen Lebensweg braucht; und die wiederkehrenden Anklänge aus den ersten Strophen, der ›Sommer deiner Gnad‹ und des ›Gartens schöne Blum‹ machen deutlich, wie sehr dies ein Ganzes ist: nur in diesem ›Hier – im – Dort‹, diesem ›Dort–und–Hier‹ ist es unverwechselbar Paul Gerhardts Lied.«

Erster Advent, abends

Ich dachte an die Mutter, und wie sie – das ist nun siebzig Jahre her – mit der Strophe gelebt hatte, die heute den ganzen Tag bestimmte: ›Ich lag in schweren Banden, / du kommst und machst mich los.‹ Das große Adventslied ›Wie soll ich dich empfangen‹ wurde in allen Strophen von neuem meditiert, und sogleich war mir der bebende Ernst nahe, in dem die erste in Bachs Weihnachtsoratorium erscheint, als erster Choral, bald nach dem ›Jauchzet, frohlocket‹, und ausdrücklich im Passionston von ›O Haupt voll Blut und Wunden‹. Und da ich nun schon an den Notenschrank geraten war, nahm ich auch die Klavierauszüge der Passionen und der Kantaten zur Hand und suchte alle Vertonungen Gerhardtscher Strophen durch Johann Sebastian Bach. Zwölf kamen mir zu Gesicht, es sind insgesamt nicht viel mehr als zwölf; aber hier muß man wägen und nicht zählen, und sie wiegen schwer. ›Ich steh' an deiner Krippen hier‹: das ist von Haus aus ein meditatives Selbstgespräch. Aber bei Bach bekommt die Strophe ihren Platz in der Epiphaniaskantate; sie folgt dem Bericht von der Anbetung der Könige, und so wächst sie ins Großherrlich-Ravennatische hinein: ›Ich komme, bring und schenke dir, / was du mir hast gegeben. / Nimm hin, es ist mein Geist und Sinn, / Herz, Seel und Mut, nimm alles hin / und laß dirs wohlgefallen.‹ Das ›Ich will dich mit Fleiß bewahren‹ kennen wir als die Schlußstrophe des offenen Christtagsjubels von ›Fröhlich soll mein Herze springen‹. In Bachs Weihnachtsoratorium aber folgt die Strophe der Altarie ›Schließe, mein Herze‹, in der alle marianische Mystik und ein Altdorfersches Hirtenlicht sich begegnen. Und dort wie hier hat der große Tonsetzer nichts eingetragen, was nicht schon selbst dem vielschichtigen Text zu entnehmen ist.

In der Matthäuspassion dann: da sind die bang-unruhig-flatternden Fragen der Jünger, das elffache ›Herr, bin ichs?‹, und darauf folgt, streng und groß, Gerhardts Antwort: ›Ich bins; ich sollte büßen / an Händen und an Füßen / gebunden in der Höll; / die Geißeln und die Banden / und was du ausgestanden, / das hat verdienet meine Seel.‹ Der große Hauptchoral, dem ›Salve caput cruentatum‹ nachgedichtet, erscheint in fünf Strophen. Zuerst, da das österliche Verheißungswort ›Wenn ich aber auferstehe, will ich vor euch hingehen nach Galiläa‹ vorausgegangen ist, in dem hellen E-dur: ›Erkenne mich, mein Hüter, / mein Hirte, nimm mich an.‹ Gleich danach in einem verhaltenen Es-dur-Ernst: ›Ich will hier bei dir stehen.‹ Spät erst, erst nach dem heftigen ›Gegrüßet seist du, Judenkönig‹ kommt die erste Strophe des Liedes ›O Haupt voll Blut und Wunden‹, und die zweite dann noch: ›Du edles Angesichte, / davor sonst schrickt und scheut / das große Weltgewichte – ‹. Und dann zuletzt – unirdisch als im Abschied – das ›Wenn ich einmal soll scheiden, / so scheide nicht von mir.‹ Das ist Bach, ja. Aber es ist ebenso Gerhardt, und wir haben uns vielleicht selbst selten bewußt gemacht, wie sehr es schon bei Gerhardt steht, alles, was uns diesen Zusammenklang in Bachs Passion als eines der großen Lebensereignisse erfahren läßt. Ist es eine einzigartige Einfalt – die Einfalt der Gipfel –, oder sind es sehr diffizile Kunstmittel? Es sind – so wird die Antwort lauten müssen – sehr diffizile Kunstmittel, aber sie werden, und das ist Gerhardts Geheimnis, in völliger Einfalt, in einer unangestrengten Natürlichkeit, ohne die mindeste Prätention verwendet.

Da sind – ich fange mit meinen Beobachtungen nur erst an – die Wiederholungen. Dieses ›soll scheiden, / so scheide – ‹ und gleich danach das ›so reiß mich aus den Ängsten / kraft deiner Angst – ‹. Da die Angriffe des Glaubens, das ›Kann uns doch kein Tod nicht töten‹. Die Kühnheit eines unmittelbaren Geradezu: ›Ich will dich nicht mehr weinen.‹ Da die Stabreime: ›Der *W*eizen *w*ächset mit Ge*w*alt‹ oder ›*F*reude die *F*ülle / und *s*elige *S*tille‹. Da sind die dem höfischen Barock entfliehenden, starken, bäuerlich-festen Vokabeln, das ›reiß‹, ›wirf‹, ›fressen‹, oder eine Wendung wie ›Das schlag hinweg und laß dich nicht / so liederlich betören‹. Da der große, über drei Strophen hinwegreichende Atem, die Gesundheit eines starken, aber ganz unexaltierten Gefühls. Mörikes berühmte Maxime, das ›no nix forciere‹, hier ist sie befolgt, hundertachtzig Jahre, bevor sie ausgesprochen wurde.

Vierter Advent

In der Vorbereitung auf die Christfestgottesdienste bedachte ich die vier Gerhardtschen Weihnachtslieder, die man in der Gemeinde singen kann, im Zusammenhang. Und nun muß sogleich Johann Crügers Name genannt werden. Der Prediger von St. Nicolai in Berlin hatte das Glück, im Kantor seiner Kirche einen der bedeutendsten, vielleicht *den* bedeutendsten Melodienschöpfer der evangelischen Kirche zu finden, und auch Crügers Nachfolger, Johann Georg Ebeling, hat durch seine mehr arienhaften Vertonungen große Verdienste um Paul Gerhardt. Als Lieder haben sich Gerhardts Gedichte in Windeseile verbreitet; sie haben sich, die Wendung ist erlaubt, in das Herz des ganzen Volkes, oder sagen wir zunächst: des evangelischen Kirchenvolks von Königsberg bis Konstanz hineingesungen.

Die vier Weihnachtslieder also. An erster Stelle steht – in Crügers voranstürmender Melodie – ›Fröhlich soll mein Herze springen‹. Voranstürmend: das ist auch für Gerhardts Text das gültig charakterisierende Beiwort: wie in jeder Strophe Lang- und Kurzzeilen aufeinander zudrängen, wie die nahen Reime sich umarmen und die fernen sich grüßen: ›Fröhlich soll mein Herze springen / dieser Zeit, / da vor Freud / alle Engel singen. / Hört, hört, wie mit vollen Choren / alle Luft / laute ruft: / Christus ist geboren.‹ In die zweite Strophe blickt der neunzehnte Psalm herein, und was dort von der Sonne gesagt ist ›sie geht heraus wie ein Bräutigam aus seiner Kammer und freut sich wie ein Held, zu laufen ihre Bahn‹, das wird von Christus, der ›andren Sonne‹, nun als die Weihnachtsbotschaft verkündigt: ›Heute geht aus seiner Kammer / Gottes Held, / der die Welt / reißt aus allem Jammer. / Gott wird Mensch, dir Mensch zugute; / Gottes Kind, / das verbind't / sich mit unserm Blute.‹

Dann ist da das ›Wir singen dir, Immanuel‹, in dem die biblische Ahnenreihe der Erwartung und der Anbetung aufgerufen wird, ›der Väter und Propheten Schar‹; und mit einer Art von trotziger Demut, dem auf holländischen Bildern knienden Stifter zu vergleichen, reiht sich dann der Nachfahr ein: ›Ich aber, dein geringster Knecht, / ich sag es frei und mein es recht: / ich liebe dich, doch nicht so viel, / als ich dich gerne lieben will. / Halleluja.‹

Als drittes Lied nenne ich: ›Ich steh an deiner Krippen hier‹. In ihm verschränken sich zwei Elemente Gerhardtscher Verskunst: die Nicht-Redseligkeit, das – aus lateinisch-humanistischen Quellen mitgespeiste – Dichtgeflecht in aller seiner Strenge, Substantiv bei Substantiv: › – die Sonne, die mir zugebracht / Licht, Leben, Freud und Wonne‹ – und die Spielseligkeit, die sich nicht genug tun kann: ›Nehmt weg das Stroh, nehmt weg das Heu, / ich will mir Blumen holen, / daß meines Heilands Lager sei / auf lieblichen Violen. / Mit Rosen, Nelken, Rosmarin / aus schönen Gärten will ich ihn / von obenher bestreuen.‹

Und schließlich ist da noch das ›Kommt und laßt uns Christum ehren‹ mit dem dreifachen Reim, der dem ›Quem pastores laudavere‹-Schema folgt: ›Sehet, was hat Gott gegeben! / Seinen Sohn zum ewgen Leben. / Dieser kann und will uns heben – ‹ oder auch dies: ›Unser Kerker, da wir saßen / und mit Sorgen ohne Maßen / uns das Herze selbst abfraßen – ‹ (die kecke Strophe ist nicht ins Gesangbuch übernommen worden). Die vierten Zeilen aber bauen – durch das ganze Lied hin – eine wahre Triumphstraße: ›Wertes Volk der Christenheit‹ ›werfen allen Kummer hin‹ ›und zerstört der Höllen Reich.‹ Alle vier Lieder haben den eindeutigen Gerhardt-Ton. Aber dieser Ton ist freilich alles andere als eintönig.

Zwischen den Jahren

Kein – im strengen Sinn – vollkommenes Gedicht? Oder doch eines vielleicht, das von Hebbel und Fontane so geliebte ›Nun ruhen alle Wälder‹? ›Ein tolles und törichtes Ding‹ hat Friedrich der Zweite dieses Abendlied genannt. Nun, der König verstand etwas von Quantz und Bach und Voltaire; aber nicht viel von der Dichtung in seinem Land. In unserem Gedächtnis aber hat dieses Lied einen großen Gegenspieler. Das verwandte Versschema, die Schweifreime nämlich, die gleiche Melodie, die auf Isaacs großes ›Innsbruck‹-Lied zurückgehende Weise von ›O Welt, ich muß dich lassen‹ können einen dazu bringen, Gerhardts Abendlied in einigen Strophen mit dem Abendlied des Matthias Claudius zu verwechseln, mit dem nun eben doch unvergleichlichen ›Der Mond ist aufgegangen‹. Und was die erste Strophe bei Gerhardt angeht, dieses beschaulich aufzählende ›Vieh, Menschen, Städt' und Felder‹, so ist Gerhard Tersteegens feierlich-strenges ›Nun schläfet man –‹ der Introitus höheren Ranges. Auch bringt der kunstvoll in fast allen Strophen durchgeführte Wechsel von Außen-

und Innenweltbetrachtung, jeweils auf die erste und die zweite Strophenhälfte verteilt, einen Anflug von Gesetzlichkeit in den Text: ›Der Leib eilt nun zur Ruhe, / legt ab das Kleid und Schuhe, / das Bild der Sterblichkeit; / die zieh ich aus. Dagegen / wird Christus mir anlegen / den Rock der Ehr und Herrlichkeit.‹

Und doch: was für ein Lied! Die ganze Gerhardtsche Wirklichkeitsschau ist da, eine Sehkraft, gleichermaßen eigen dem Weltauge wie dem Glaubensaug. Die ›Arbeit‹ und ›der Sünden Arbeit‹ werden einander benachbart, aber ohne allen Jammerton: ›Das Haupt, die Füß und Hände / sind froh, daß nun zu Ende / die Arbeit kommen sei; / Herz, freu dich, du sollst werden / vom Elend dieser Erden / und von der Sünden Arbeit frei.‹ ›Realistisch‹ wird man diesen Blick nennen, aber es ist der Blick des ›gläubigen Realismus‹, der die Ewigkeit über der Erde so wenig vergißt wie die Erde über der Ewigkeit. Und dann ist da eine Strophe, es ist die unbekannteste unter den neun Strophen des Liedes, und sie ist, hör' ich recht, die schönste von allen: ›Die Augen stehn verdrossen / im Hui sind sie geschlossen, / wo bleibt dann Leib und Seel? / Nimm sie zu deinen Gnaden, / sei gut für allem Schaden, / du Aug und Wächter Israel.‹ Das ›Hui‹ kennt noch keine Schlafmittelpsychose, wie sie zu unserem Jahrhundert gehört; aber die Frage, die dann folgt, ist sie, in ihrer bangen Einfalt, nicht schon etwas wie ein vorweggenommenes Kapitel aus dem Lehrbuch der Psychosomatik: ›wo bleibt dann Leib und Seel‹? Nur daß man im Lehrbuch dann schwerlich die drei folgenden Zeilen finden würde. Dieses ›Nimm sie zu deinen Gnaden‹, das einen Augenblick lang – einen Augenblick lang nur – an den Ton der Devotion erinnert, in dem man zu Gerhardts Zeiten mit dem Kurfürsten umging. Aber dann kommt das steigernde ›Sei gut für allem Schaden‹ und schließlich die grandiose Schlußzeile ›Du Aug und Wächter Israel‹. Der Herr, der sein Israel behütet, das ist ein Psalmenanklang; aber ›Du Aug und Wächter Israel‹ – das ist eine vollkommene Dichterzeile. Wie da ein Sinnliches – ›Aug‹ – mit etwas Geistigem – ›Wächter‹ – durch die einfache Kopula ›und‹ zusammengebunden wird, und der Siegname dann, das ›Israel‹ in einem verhehlten Genetiv die Strophe schließt, das ist groß wie der Terebinthenhain der Genesis.

Am Abend

Ich komme nicht los von der Vorstellung, daß eine verwandte Konstellation in Nietzsches Gedicht ›Aus hohen Bergen‹, nämlich die Zeile ›Das klopft mir wohl noch nachts an Herz und Fenster‹ – Gerhardtschen Ursprungs sei: daß den Mann in Sils-Maria eine Pfortenser Schulerinnerung heimgesucht habe. Hans Egon Holthusen hat, wie ich glaube: zu Recht – den Zusammenhang zwischen einigen Strophen Gottfried Benns und den Gerhardtschen Achtzeilern bemerkt. Man höre Benn's ›Sils-Maria‹: ›Es war kein Schnee, doch Leuchten, / das hoch herab geschah, / es war kein Tod, doch deuchten / sich alle todesnah – / es war so weiß, kein Bitten / durchdrang mehr das Opal, / ein ungeheures: Gelitten / stand über diesem Tal.‹ Und höre dahinter dann Gerhardt: ›Die Welt, die mag zerbrechen, / du stehst mir ewiglich, / kein Brennen, Hauen, Stechen / soll trennen mich und dich. / Kein Hunger und kein Dürsten, / kein Armut, keine Pein, / kein Zorn der großen Fürsten / soll mir ein Hindrung sein.‹ Ist das nur Rhythmusanklang – oder ist es mehr? – Das ›Hauptwehe‹

Adrian Leverkühns und Nepomuk Schneideweins (aus dem ›Faustus‹ von Thomas Mann) finden wir ebenfalls schon bei Gerhardt. Und haben wir den mit der geschehenen Geschichte so vielfältig verbundenen Autor bei Namen genannt, so muß uns ja sogleich ›Buddenbrooks‹ in den Sinn kommen: dort erscheinen als Teilnehmerinnen am ›Jerusalemsabend‹ der Konsulin auch die beiden Fräulein Gerhardt. Der fünfundzwanzigjährige Erzähler will, man weiß es, seinen Spaß haben, und der Schalk führt ihm die Feder dort, wo von dem ›übermenschlich-pausbäckigen Bildnis des Ahnherrn‹ die Rede ist. Aber wenn von den beiden alten Mädchen gesagt wird, daß sie unter ihren Schäferhüten aus dem achtzehnten Jahrhundert ›mit einem seltsamen Ausdruck von Milde und Wissen‹ in die Welt schauten, dann ist in den Nachkommen ein wenig – ein wenig gewiß nur, doch nicht ohne Bedacht – der große Vorfahr mitbetrachtet.

Wie charakterisieren wir ihn? Welche Vokabeln kommen uns in den Sinn? Ernst: ein gesammelter, fester Ernst – das wird, wenn man so sagen mag, der Cantus firmus sein. Anmut und Heiterkeit – die fehlen nicht. Sagen wir ›Biederkeit‹? Ich zögere, dieses Wort zu wählen; nichts Philiströses ist zu erkennen.

›Weltskribenten und Poeten / haben ihren Glanz und Schein, / mögen auch zu lesen sein, / / wenn wir leben außer Nöten‹ – beginnt eine Gerhardt'sche Ode; und auch wenn es dann weitergeht mit ›In dem Unglück, Kreuz und Übel / ist nichts Bessers als die Bibel‹, so ist das Ganze doch kein Traktat des geistlichen Hochmuts. Freilich: Humor? Nein, wohl nicht. Und hier ist er um eine Dimension karger als Claudius. Aber Lebensfreundlichkeit in jeder Gestalt – die findet sich bei ihm, und auch die den Barockdichtern eigene Lust an Spielscherzen hat ihn mitunter gestreift, viel seltener freilich als seine Zeitgenossen Paul Fleming, Daniel Czepko von Reigersfeld und Simon Dach.

Neujahrstag, spät abends

Zuerst hatte ich das Neujahrslied bedacht, ohne das dieser Tag nicht zu Ende gehen kann, das eine Gedicht, das den Vergleich mit Mörike's ›In ihm sei's begonnen‹ aushält: ›Nun laßt uns gehn und treten –‹. Von neuem ließ sich erfahren, was ›großer Atem‹ ist. In den fünfzehn Strophen – sind sie nicht wie *eine* Strophe? – findet sich keine matte Stelle, keine geistliche Floskel, kein Füllselwort. Wie ist das zugesprochen, mit großgeduldigem Vaterblick geschaut und bedacht: ›Sei der Verlaßnen Vater, / der Irrenden Berater, / der Unversorgten Gabe, / der Armen Gut und Habe. Hilf gnädig allen Kranken, / gib fröhliche Gedanken / den hoch betrübten Seelen, / die sich mit Schwermut quälen.‹ Der Hintergrund des großen Krieges ist sichtbar, aber das Welt- und Lebensbild ist zeitlos, und also gültig für alle Zeit: so erfährt Gemeinde des Glaubens unter jedem Himmelsstrich, was sie im Weitergehen erbitten soll – und was sie erbitten darf.

Auf dem Waldweg dann, unter großen, schneeverheißenden Wolken, brüchiges Eis unter den Füßen, sagte ich mir die zwölf Strophen von ›Befiehl du deine Wege‹ auf; daß dies ohne Stocken gelang, ist bei einem gelernten Pfarrer kein nennenswertes Verdienst, und für die Reihenfolge der Strophen hat man ja hier in dem Wort aus dem siebenunddreißigsten Psalm ein zuverlässiges Leitseil.

Drei Erinnerungen stellten sich ein. Ich vergegenwärtigte mir, mit welcher Brisanz die erste Strophe – nur diese – in Bachs Matthäuspassion erscheint. Vorausgeht dort das Gespräch zwischen Jesus und Pilatus, die Frage des Landpflegers: ›Hörest du nicht, wie hart sie dich verklagen?‹ Dann kommt die Stimme des Evangelisten: ›Und er antwortete ihm nicht auf ein Wort, also, daß sich auch der Landpfleger sehr verwunderte.‹ Und dann singt der Chor diese erste Strophe aus Gerhardts Choral – und in ihr das verbum definitivum, den Verzicht auf alle Eigenwahl, die gestaltgewordene Unerschütterlichkeit und Zuversicht.

Und da war ich auch schon in meinem Kriegslazarett in Znaim an der Theya, im Januar 1945, und hörte wieder den Bericht des amputierten Unteroffiziers. Er hatte in einem Lazarett im ›Altreich‹, ich glaube in Berlin selbst, miterlebt, wie der Feldbischof Besuch machte. Unsre Soldatenpfarreruniform war – zum Glück – ganz schmucklos, nur der Feldbischof hatte eine Art Generalsrevers in Violett, und in seinem Gefolge dann auch, wie sich versteht, Stabs- und Oberstabsärzte. Die Gefahr, daß bei einer solchen Visite das Repräsentative in den Vordergrund rückt, war groß. Aber es kam ganz anders.

Der Feldbischof sah – ebenso wie ich, Wochen später, in dem Znaimer Lazarett das sah –, wie sichs unter der leichten Zudecke abzeichnete: der unverletzte linke Fuß und der kleine Stumpf, der nach der Oberschenkelamputation auf der rechten Seite noch übriggeblieben war. Der Bischof habe sich, so erzählte der Verwundete, ein wenig nach den Heimatumständen erkundigt, nach dem Zivilberuf, und dann, im Aufstehen schon, mit einer ganz leichten, unfeierlich-raschen, fast schüchtern-beiläufigen Bewegung Gerhardts Strophe zitiert, nur die zweite Hälfte der ersten Strophe, nur dies: ›– der Wolken, Luft und Winden / gibt Wege, Lauf und Bahn, / der wird auch Wege finden, / da dein Fuß gehen kann.‹ Der von Gerhardt so wenig wie vom Psalter akzentuierte Singular (›Er wird deinen Fuß nicht gleiten lassen‹) – hier hatte er nun plötzlich eine bedrängende Aktualität bekommen. Das Ganze war, soll mans vom ›Wesen des Gesprächs‹ her beurteilen, etwas wie ein ›genialer Einfall‹; es war aber freilich dann doch viel mehr. ›Ich muß jeden Tag daran denken‹, sagte der Soldat.

Und dann erinnerte ich mich an ein Gespräch, das ich mit einigen jungen, nach dem zeitgemäßen Kirchenlied Ausschau Haltenden geführt hatte. Recht ungestüm hatten sie mich wissen lassen: mit Paul Gerhardt gehe es nimmer; das sei einfach eine geistliche Fremdsprache geworden. Ich widersprach. Ich sagte, ich hätte in seinem Werk wohl eine Anzahl Stellen gefunden, auf die der Einwand ›veralteter Ausdruck‹ zutreffe; ich hätte aber zugleich – von neuem – Prägungen bei ihm entdeckt, die vollkommen zeitnah, ich will sagen ›modern‹ seien; in aller Kühnheit zugleich einfach, sich aus sich selbst heraus interpretierend. »Würden Sie uns ein Beispiel nennen?« Ich sagte: »› – mit Sorgen und mit Grämen / und mit selbsteigner Pein / läßt Gott sich gar nichts nehmen –‹« Nun sagen Sie vielleicht, ›grämen‹ und ›Pein‹ seien gleich solche Patinawörter (aber weder Goethes Harfnerstrophe noch Klärchens Lied aus dem ›Egmont‹ können auf die Vokabel ›Pein‹ verzichten). ›Mit selbsteigner Pein‹: denken Sie an unsere Worte, die Worte Komplex, Masochismus, Frustration, Flagellantentum, an den ganzen Heerbann, der in der Sprechstunde unserer Psychotherapeuten aufzieht: Sie werden die Sache, die ausgedrückt werden will, nicht treffender, anschaulicher ausdrücken als mit dieser Prägung ›selbsteigne Pein‹. Und weiter: wenn Sie – etwa im Umgang mit Gottfried Benns Gedichten – einen Sinn für die Überraschung durch das Fremdwort in sich entwickelt haben, dann werden Sie mühelos wahrnehmen, wie auch bei Gerhardt die Kaum-noch-Fremdworte eine souveräne Helligkeit verbreiten, etwa dies: ›Bist du doch nicht Regente, / der alles führen soll. / Gott sitzt im Regimente / und führet alles wohl.‹

Am anderen Morgen

Ich überdenke die Notizen von gestern abend. Werden sie zufrieden gewesen sein, die jungen Christen, denen ich auf ihre Frage zu antworten hatte? Vielleicht. Ihre Unruhe kommt aus guter Quelle: sie wollen nichts sagen als das, was ›wahr ist in ihnen selbst‹ (Kierkegaard), und nehmen es in Kauf, daß sich ihr eigenes ›neues‹ Lied schmächtig ausnimmt neben Paul Gerhardts Vollmacht und Gewalt.

Aber wie begegne ich denen, die mich nicht als Christenleute fragen, sondern in der Position der radikalen Verneinung? Auch sie werden ja, wenn sie – große, seltene Kunst! – unvoreingenommen lesen, was dasteht, wahrnehmen, daß es diesem Paul Gerhardt nicht darum zu tun war, in verfälschender Harmonie ›Gott einen guten Mann sein zu lassen‹ (die Wendung drückt den unausgesprochenen Vorwurf nicht unangemessen aus); sie wissen, daß die großen Schrecknisse des Dreißigjährigen Kriegs Paul Gerhardts erste Lebensjahrzehnte beschattet haben. Der Student in Wittenberg habe – so wird erzählt – den Trauercondukt erlebt, in dem 1632 nach der Schlacht von Lützen der gefallene Schwedenkönig Gustav Adolf in die Stadt gebracht worden war, und er wird weit Schlimmeres gesehen, gehört und verspürt haben. Aber – so wird man jetzt fragen – sind es nun nicht doch kaum noch vergleichbare Sphären: die, in der als Person gelebt, gelitten und gestorben wird und – unser Auschwitz, Hiroshima, Vietnam – nein, keine Liste! – , die Welt, in der man vegetiert und verreckt – und verscharrt wird? Ich nehme die Frage auf – und hüte mich vor jeder raschen Antwort.

Nur dies wird zu sagen sein: daß das Credo dieses Mannes, der kindlich-ungebrochene Glaube, sehr wohl das Credo eines *Mannes* war. Bis ins Physiognomische hinein erinnert er ja an den Paulus auf einem jener beiden Tafelbilder Albrecht Dürers, die merkwürdigerweise Nietzsche so besonders geliebt hat; er, ausdrücklich er, sah in diesen Bildern den Durchbruch in die mittelalterliche Vorstellungen überwindende, weltgültige, weltverantwortliche, männliche Form des Christenstandes. In einer Notiz aus Ernst Jüngers Kriegstagebüchern von 1940 wird das Unauswechselbare und Unersetzbare von Paul Gerhardts Dasein in der Welt vermerkt; und ich selbst kann – das fügt sich hier, wohl hergehörig, an – den zu

Gerhardts Zeit gemalten Rembrandtschen ›Mann mit dem Goldhelm‹ nicht anschauen, ohne die Kraft einer Gerhardtschen Strophe darin wiederzufinden: ›– stell euch die güldnen Waffen / ums Bett und seiner Engel Schar.‹

Dennoch: fragt man mich auf den Kopf zu, ob ich eine Möglichkeit sehe, das Gerhardtsche Lied, dieses ›fremde‹ Lied – fremd, wie der Glaube in dieser Welt ein Fremdling ist – einleuchtend und überzeugend für jedermann zu machen, so antworte ich: nein, diese Möglichkeit sehe ich nicht. Das Wunder des Glaubens ist das Wunder in Freiheit. Es *muß* sich nirgends ereignen. Es *kann* sich überall ereignen.

Zunächst meinte ich, den Kurfürstenstreit der Jahre 1662 bis 1667 hier übergehen zu können. Der *Dichter* Paul Gerhardt, an dem mir vor allem gelegen sein muß, wird durch ihn, so schien mir, nicht bestimmt. Aber beim Studium der Zusammenhänge entdeckte ich dann doch drei Aspekte, unter denen gerade diese Epoche mitbedacht sein will.

Die Fakten in Kürze. Friedrich Wilhelm, Kurfürst der Mark Brandenburg seit 1640 (der ›Große Kurfürst‹), seit einer in Holland verbrachten Jugendzeit dem reformierten Bekenntnis zugetan, wünscht, daß die der Konkordienformel verpflichteten Lutheraner seines Landes strikte Toleranz üben und sich jeglicher Verketzerung des reformierten Glaubensstandes enthalten. Zahlreiche Vermittlung suchende Religionsgespräche zwischen den Parteien finden statt – mit halbem Erfolg. Der lutherische Diakonus an St. Nicolai, Paul Gerhardt, wollte gewiß *nicht* streiten; aber gegen eine diktierte Toleranz wehrte sich sein Gewissen. Als er sich weigerte, einen kurfürstlichen Revers zu unterschreiben, wurde ihm – durch sein Konsistorium – die Absetzung verkündet. ›Es ist nur ein geringes berlinisches Leiden‹ äußerte der um Amt und Brot Gebrachte; ›ich bin auch willig und bereit, mit meinem Blute die evangelische Wahrheit zu besiegeln und als ein Paulus mit Paulo den Hals dem Schwerte darzubieten.‹ Die Bürgerschaft intervenierte leidenschaftlich für Paul Gerhardt, ihren ›geliebten Prediger und Seelsorger‹; zunächst vergeblich. Dann gelang es den Landständen, den Kurfürsten umzustimmen. Er war bereit, ihn ›plene zu restituieren‹. Aber nun war Gerhardt nicht willens, diese Wiedereinsetzung anzunehmen; nicht aus Trotz, sondern aus Gewissensgründen. ›Wenn ich jetzt mein Amt wieder anträte‹, so schrieb er, ›so würde ich eben die Wunde, die ich vorher mit so großer Herzensangst von mir abzuwenden gesucht, mir mit eigenen Händen in meine Seele schlagen. Ich fürchte mich vor Gott, in dessen Anschauen ich hier auf Erden wandle und vor welches Gericht ich auch dermaleinst erscheinen muß.‹ Wir, evangelische Christen des zwanzigsten Jahrhunderts, die längst zusammenleben – im lutherischen, unierten und reformierten Bekenntnis –, denen im Zweiten Vatikanischen Konzil und unlängst in Uppsala Maßstäbe einer neuen, noch viel weiter reichenden Nähe gesetzt wurden, haben einige Mühe, die lutherische Hartnäckigkeit der brandenburgischen Pastoren zu verstehen und Gerhardts Sorgen und Skrupel zu rechtfertigen. Wir haben ja immerhin erkannt – bescheidener Fortschritt aus drei Jahrhunderten –, daß ›Toleranz‹ mehr ist als die bläßliche Übereinkunft, die den anderen – in langweiliger Relativierung aller Wahrheitssorge – gehn und gelten läßt. Wir sind – genauer, und vielleicht doch auch bescheidener als die Vorväter – bereit, zu unterscheiden zwischen dem Fragmentarischen unsrer Erkenntnis und dem Ungreifbaren der ›ganzen Wahrheit‹; wir ertragen uns, wir helfen uns als ›Teilhaber der Bruchstücke‹.

Aber die Frage bleibt erlaubt: ob nicht doch das aus dem Marburger Religionsgespräch von 1529, dem Gespräch zwischen Luther und Zwingli nachklingende (oder: nachklirrende) Wort ›Ihr habt einen anderen Geist als wir‹ *mehr* bekundet als den Starrsinn des Mannes von Wittenberg? Ob Gerhardt nicht doch – hindurch alle vordergründigen Streitigkeiten hindurchschauend – den Augenblick erkannt hatte, in dem das Geheimnis des Glaubens, das ist: der Glaube als Geheimnis, sich nicht verwechseln lassen *darf* mit dem pragmatischen Rationalismus?

Und weiter ist zu fragen: ob Gerhardt nicht hier im Bündnis mit Luther *und* dem rechtverstandenen Calvin die Freiheit christlicher Gemeinde zu Recht verteidigt hat gegen die Thron- und Altar-Verlöbnisse einer behördenfrommen Militärkirchlichkeit? Ich frage; ich wage hier keine Antwort.

Das überzarte, das, wie manche sagen: skrupulöse Gewissen des Mannes Paul Gerhardt aber, das glaube ich recht zu verstehen als – seinen Reichtum. Kein sicheres Dach über dem Haupt, vertraute er des ›Himmels güldner Decke‹ und schrieb seinen großen ›Anti-Melancholikus‹, das Lied: ›Warum sollt ich mich denn grämen?‹ Das ›Ich bin dein, / du bist mein, / niemand kann uns scheiden‹, die wahre certitudo, sie wird nur dem zuteil, der den Preis des Verzichts auf jede säkularisierte securitas nicht zu hoch findet, eingedenk seines Ursprungs: ›Nackend lag ich auf dem Boden, / da ich kam, / da ich nahm / meinen ersten Odem.‹

Sonntag Estomihi, abends

Heute früh sang die Gemeinde ›Die güldne Sonne‹, das schönste geistliche Morgenlied deutscher Sprache, der selten erlaubte Superlativ soll gelten. Ebelings dithyrambischer Melodie entspricht Gerhardts dithyrambischer Text. Ich bekam während des Singens Lust, mir, einen Nachmittag lang, die Reimschemata der vielzeiligen Gerhardt-Strophen genauer anzusehen, die sieben-, neun-, zehn- und zwölf-zeiligen Strophen.

Wie geschieht es, daß man in dieses Lied von der ›güldnen Sonne‹ eintritt wie in ein weiträumiges Kirchenschiff, dessen Fenster im Morgenlicht glühen? Es sind da zwei Kunstgriffe am Werk, beide mit vollkommener Strenge und vollkommener Mühelosigkeit gehandhabt. Es ist gut möglich, daß Gerhardt den themaverwandten Morgensegen des Apelles von Löwenstern gekannt hat, ein leichtgeschwungenes Gebild, beginnend: ›Ich sehe mit Wonne, / die güldene Sonne / bricht wieder herein‹: lauter halb tanzende Kurzzeilen sind da, und es endet mit einem kleinen, seligen

Atemholen: ›O Seele, greif zu!‹ Gerhardt nun, der hier zehnzeilige Strophen dichtet, wechselt die Zeilenlängen. Jeweils in der fünften und der zehnten Zeile rollt sich ein breiter Teppich aus: –› – schaue den Himmel mit meinem Gesicht‹ – › – über uns seiner Barmherzigkeit Schein‹ – ›Laß mich auf deinen Geboten bestehn‹ bis zu dem › – dahin sind meine Gedanken gericht't.‹ Das sind die Fundamente, und sie tragen jeweils zweimal vier Kurzzeilen, in denen das Daktylushüpfen (›aber nun steh ich‹ ›wann wir uns legen‹) und die Jambenfestigkeit (›mein Haupt und Glieder‹) kunstgenau sich verschränken.

In dem aus siebenzeiligen Strophen geformten Trost- und Sieglied ›Auf den Nebel folgt die Sonn'‹ ist – recht im Gegensatz zu der fast raffinierten Rhythmik des Morgenlieds – ein Wagnis der Einfalt am Werk. Nach den Kinderreimen der ersten vier Zeilen folgt in den Zeilen 5, 6 und 7 ein dreifacher Reim, und er hört sich an wie drei Hammerschläge der Gewißheit, wie das Credo der Dreifaltigkeit: ›Gottes Zeit hält ihren Schritt; / wann die kommt, kommt unsre Bitt / und die Freude reichlich mit.‹ Oder am Schluß: ›Wem der Stärkste bei will stehn, / wen der Höchste will erhöhn, / kann nicht ganz zugrunde gehn.‹

Neunzeilig sind die Strophen von ›O Jesu Christ, mein schönstes Licht‹, und hier ist es das Glück der siebenten Zeile, einer Kurzzeile, die sich auf Zeile sechs und neun reimt, das diese Strophen prägt. Sie huscht nur so ins Geflecht herein, diese siebente Zeile, überraschend, ein Überfluß der Innigkeit: ›Laß sie sein meine Freud im Leid, / in Schwachheit mein Vermögen, / und wann ich nach vollbrachter Zeit / mich soll zur Ruhe legen, / alsdann laß deine Liebestreu, / Herr Jesu, bei mir stehen, / Luft zuwehen, / daß ich getrost und frei / mög in dein Reich eingehen.‹ Vom Sinnzusammenhang her könnte man auf dieses wunderbare ›Luft zuwehen‹ verzichten. Aber man verzichtete damit auf einen Herzschlag der unmittelbaren Gegenwart einer anderen Dimension.

Zuletzt, um dem Scherz, um der Meistersingerpein nicht die Tür zu verschließen: selten, ganz selten gibt es auch beim großen Paul Gerhardt den ›Reim dich oder ich freß dich‹-Zwang.

Die großartige Epiphaniasweise des Philipp Nicolai (›Wie schön leuchtet der Morgenstern‹), bei der Melodie und Text aus einer Hand kamen, – J.S. Bach hat sie mehr als einmal sich zunutze gemacht (›Zwingt die Saiten in Cythara‹, ›Von Gott kommt mir ein Freudenschein‹) – hat in den Zeilen sieben bis zehn zwei überaus heikle Schlagreimpaare, die Nicolai in allen sieben Strophen seines Liedes geglückt sind; erst die glättenden Prälaten-Nachfahren sind – ein, zwei Mal – in die offenstehenden Gruben des Wortgeklingels hineingestolpert. In Gerhardts Trostlied christlicher Eheleute ›Wie schön ists doch, Herr Jesu Christ, / im Stande, da dein Segen ist, / im Stande heilger Ehe – ‹, bei dem er diese ›Morgenstern‹-Weise im Ohr hat, findet sich eine achte Strophe, die lautet so: ›Zwar bleibts nicht aus, es kommt ja wohl / ein Stündlein, da man Leides voll / die Tränen lässet schießen; / jedennoch wer sich in Geduld / ergibt, des Leid wird Gottes Huld / in großen Freuden schließen. / Sitze, / schwitze, / nur ein wenig! / Unser König / wird behende / machen, daß die Angst sich wende.‹ Hier hat nun einmal das Schema über ein großes Talent gesiegt. Der fast nur im Dialekt (sächsisch, schwäbisch) singbare Reim von ›König‹ auf ›wenig‹ ist so erheiternd wie das ›sitze‹, ›schwitze‹. Es ist erlaubt, hier zu lächeln oder zu lachen; aber man kann auch sagen: wer den ›Trostgesang christlicher Eheleute‹ anstimmt, dem ist es um die redliche Wahrheit zu tun; und ist das ›sitze, schwitze‹ nicht doch ein Stück Wahrheit aus dem Stand der Ehen, die, wie man sagt, im Himmel geschlossen werden, aber auf Erden geführt?

Montag nach Oculi

Paul Gerhardt hat ›Ich‹ gesagt in seinen Liedern. Nicht immer, aber häufig; und man hat es zuweilen kritisch vermerkt als einen Rückschritt gegenüber dem ›Wir‹-Lied der Reformation. Nun, auch manches bedeutende Lied des 16. Jahrhunderts, zum Beispiel Schallings großes ›Herzlich lieb hab ich dich‹ hat diesen Ich-Ton, und selbst bei Luther findet er sich: ›Er wandt zu mir sein Vaterherz‹. Das Ich des Paul Gerhardt ist nicht das einsame Ich, das in der meditativen Andacht der Seele, wie etwa bei Tersteegen, ›einfältig, innig, abgeschieden‹ zu sein wünscht, und dessen Selbstgespräch dort und weiter dann in der religiösen Lyrik des 19. Jahrhunderts in großer Vollmacht hörbar wird: Brentanos ›Frühlingsschrei eines Knechtes aus der Tiefe‹ ist ein großes Gedicht. Das Ich des Paul Gerhardt ist das überpersönliche Ich der Gemeinde, die im Leben dieses Mannes beständig präsent war: er war der Mund der Erschrockenen und der Glücklichen, der leichten und der schweren Herzen. Es ist immer möglich – und dann eigentlich doch niemals notwendig –, biographische Rückschlüsse von den

Gedichten aus zu ziehen: in jedem Lied ist die Person ganz da, der Mann ist das Werk; aber die Person versteht sich als das Instrument, das ein anderer bedient.

Ich sehe ihn nicht deutlich vor mir: so hatte ich, vor einigen Wochen, hier notiert. Jetzt sollte ich wohl ergänzend sagen: ich glaube gerade darin sein eigentliches Wesen zu erkennen, daß er Grenze und Größe des Menschenstandes so genau zu bedenken und zu achten wußte: ›Du bist ein Mensch, das weißt du wohl, / was strebst du denn nach Dingen, / die Gott, der Höchst', alleine soll / und kann zu Werke bringen?‹ Er war, subjektiv, gewiß nicht unangefochten, ein Leben lang: ›im Sieb des Satans geschüttelt‹. Aber, objektiv, im letzten: unanfechtbar. Er kennt den Zweifel. Aber das System des Zweifels, die Philosophie als die Kunst der Frage kennt er nicht. Nein, er ist – Kurt Ihlenfeld ist in seiner ›Huldigung für Paul Gerhardt‹ diesem Gedanken sorgfältig nachgegangen – kein Pascal; er ist, im höchsten Sinn dieses Wortes, ›einfältig‹. In seinem Morgenlied rühmt er die Gottesgnade als die Gabe, die uns ›zeitlich und ewig gesund‹ hält. In Kraft dieser *Gesundheit* wird er zu dem - das mißbrauchte Wort soll in seinem Ursprungsglanz gelten: Seelsorger, als der er seit drei Jahrhunderten in unverstörter Kraft wirksam ist. Er vermochte es, sich mit ungeteilter Sorgfalt dem angefochtenen Gegenüber zuzuwenden und von der Festigkeit des eigenen Glaubens ihm sein Teil zuzumitteln, in einem Indikativ großer Ruhe. Die Grundordnungen stehen fest: Gott ist Gott, und ›du bist ein Mensch, das weißt du wohl.‹ Nun mag das freie Spiel der Kunst das Geflecht eines starken Zuspruchs, einer unzerquälten Inständigkeit erwirken: ›Wenn gar kein einzger mehr auf Erden, / dessen Treue du darfst trauen, / alsdann will er dein Treuster werden / und zu deinem Besten schauen. / Er weiß dein Leid/ und heimlich Grämen, / auch weiß er Zeit, / dich zu benehmen. / Gib dich zufrieden!‹

Sonntag Judica

Fragte man mich nach einem Lieblingslied, so fiele meine Wahl auf das Lied ›Ich hab in Gottes Herz und Sinn‹, das einzige Gerhardtlied übrigens, das J.S. Bach für eine Choralkantate verwendet hat: auch er fand wohl, es sei ein Juwel sonderlicher Art. Was alles ich, als Knabe und Mann, als Vater und Sohn, als Erzähler und Prediger, als ein vom Vers Getroffener und nach dem Gedicht Verlangender, als Leiden und Freuden Erlebender – Paul Gerhardt schulde – ich nehme meine Eingangsworte nocheinmal auf –: in den zwölf Strophen dieses Liedes finde ich seine Gaben ›als in der Summa‹.

›Ich hab in Gottes Herz und Sinn / mein Herz und Sinn ergeben: / was böse scheint, ist mir Gewinn, / der Tod selbst ist mein Leben. / Ich bin ein Sohn / des, der den Thron / des Himmels aufgezogen; / ob er gleich schlägt / und Kreuz auflegt, / bleibt doch sein Herz gewogen.‹

Wie da gleich im ersten Satz ›Herz und Sinn‹ umschlossen sind von ›Gottes Herz und Sinn‹: der fühlende und der denkende Mensch, sie sind ungeteilt und doch nicht sich selbst genug und mit sich allein: ›Ich bin ja von mir selber nicht/ entsprungen noch formieret.‹ Wie dann die Umwelt mit den Lebensgeschicken alles kreatürlichen Reichtums vor diesem ruhig-offenen Auge erscheint: nah – und doch nicht ganz nah. Es ist *nicht* Mörikes ›Wollest mit Freuden / und wollest mit Leiden / mich nicht überschütten, / doch in der Mitten / liegt holdes Bescheiden.‹ Es greift höher und lotet tiefer: ›Wart in Geduld: die Gnad und Huld / wird sich doch endlich finden; / all Angst und Qual / wird auf einmal / gleich wie ein Dampf verschwinden.‹ Wie das dem Kinderspiel und Volksliedton zugehörige ›Ei nun‹ in der zehnten Strophe, tiefaufatmend, die Blankovollmacht ausstellt: ›Ei nun, mein Gott, so fall ich dir / getrost in deine Hände; / nimm mich und mach es du mit mir / bis an mein letztes Ende, / wie du wohl weißt, / daß meinem Geist / dadurch sein Nutz entstehe / und deine Ehr / je mehr und mehr / sich in ihr selbst erhöhe.‹ In einer großen Steigerung dann zuletzt, das berühmte Mozartsche ›Ja zum Tode‹ vorwegnehmend, aller Rührung und Selbstzärtlichkeit den Abschied gebend, erscheint in der letzten Strophe dann ein großes ›Wohlan!‹: ›Soll ich denn auch des Todes Weg / und finstre Straßen reisen: / wohlan, / so tret ich Bahn und Steg, / den mir dein Augen weisen. / Du bist mein Hirt, / der alles wird / zu solchem Ende kehren, / daß ich einmal / in deinem Saal / dich ewig möge ehren.‹

Ich weiß nicht mehr als eine Handvoll Texte in der Welt, von denen ich sagen möchte, was ich hier sagen will: dieses Lied wird uns nicht im Stich lassen, zu keiner Stunde. Man kann mit ihm leben – und sterben.

Palmsonntag

Sind es hundert oder mehr Kirchen in unsrem Land, die nun seinen Namen tragen? Niemand wird ihn heiligsprechen, und man würde ihn gründlich mißverstehen, wenn man mehr aus ihm machen wollte als einen standfesten Vater und Patron. Auch die beiden Männer, die sich, vor vielen Jahren nun schon, zu einer Aufgabe zusammenfanden, der Kantor einer Paul-Gerhardt-Kirche und der Prediger im gleichen Haus, wollten nicht *mehr*. Aber sie dachten, daß die Grenzen zwischen ›Geschichte eines Lebens‹ und ›Legende eines Lebens‹ fließende Grenzen seien; daß es möglich sein müsse, in einer ›Paul-Gerhardt-Kantate‹ durch Lied, Bibelwort und einen rezitativisch verstandenen freigeformten Text das Einmalige dem Immerwährenden anzunähern, das vor Zeiten Geschehene zu deuten als das, was immer geschehen könnte; etwas wie den Ewigkeitshintergrund der fliehenden Jahre zu zeigen: im Ton, im Wort.

Ich rufe mir, diese Aufzeichnungen beschließend, den Text ins Gedächtnis zurück, den ich damals für meinen Kantor schrieb:

Eingang

Merkt auf, was Gottes Chronik uns erzählt.
Dies ist geschehn: der Sänger ward erwählt.
Ein menschlich Leben währet siebzig Jahr,
Das Lied ist gestern, heut und immerdar.
Der Tod macht all ein End, dem Streiten wie dem Lieben,
Des Ewgen Ruhm nur bleibt auf ewig eingeschrieben.

Zeit

Wohl denn, das Leben will
Der Morgenröte gleich
Sich frei und schön entfalten.
Will Gottgelehrsamkeit,
Des Liedes hohe Kunst
Treu üben, rein erhalten.
Weh, daß wie Nacht zum Licht
Fäulnis zur Frucht
Zum Freund der Feind gehöret,
Daß dreißigjährger Streit
Vielstolzer Städte Pracht,
Die Friedensflur zerstöret.

Amt

Des Vaters Ackerland ist Fremden wert.
Sein Ratsstuhl bleibt vom Sohne unbegehrt.
Nicht Richters Amt,
Nicht Arztes Dienst ihn rufen,
Es warten seiner des Altares Stufen.
Nichts fürchte du! dein Christus hüllt dich ein,
Will Diener selbst bei seinem Diener sein.

Anfechtung

Der Bote spricht:

Zu meines Gottes Ehr
Die reine Lutherlehr
Vor hoch und nieder frei verkünden –
Ich kenn' mein Pflicht.

Kommts meinen Fürsten an:
›Eu'r Singen ist wohlgetan
Nur einen Streit um Gottes Wahrheit
Den duld ich nicht!‹

›Wollt, ihr gestrengen Herrn,
Wohl Frieden halten gern.
Doch mein Gewissen, halt't zu Gnaden,
Leid't kein Verzicht.‹

Weh, Blitz und Wetter flammt!
Fahr hin, mein Leh'n, mein Amt.
Will lieber fürstlich Ungnad leiden
Als Gottes G'richt.

So spricht der Tod:

Geh, Bote, hin,
Such Kranke auf,
Geh', tröst sie noch!

Auch ich geh aus und bin
In meinem Todeslauf
Viel schneller doch.

Ich will hinfür
Dir, Tür an Tür,
Ein dunkler Nachbar wohnen,

Dein eigen Fleisch und Blut,
Wie weh dir's tut,
Auch nicht verschonen.

Freude

Verborgenes Joch!
Was soll er fürder nun, der Bote, sagen?
Sie haben ihm die Liebsten fortgetragen,
Einsamer Mann, was – sprich – wenn sie dich fragen,
Was bleibt dir noch?

Mein sanftes Joch.
Ich habe Augen, Gottes Welt zu sehen,
Gewißlich glaub ich Christi Auferstehen,
Auch mich, ich weiß, wird Gottes Geist umwehen –
Was mehr begehr ich noch?

Abschied

Hat einer so den langen Erdentag
Ans Herz genommen,
Spricht er zum Abschied, so er dunkeln mag:
Willkommen.

Unruhige Stadt,
Des Lebens Vielgestalt,
Er tauscht sie gern
Für Dorf und Fluß und Wald.

Der Lobgesang verstummt.
Es schweigen Leid und Zeit.
Von andrer Zinne schon
Tönt Ewigkeit.

Bibliographische Notiz

In der in der Fischer Bücherei erschienenen Reihe ›Poetische Beispiele‹ hatte ich im Oktober 1969 die Gedichte Paul Gerhardts in Auswahl herausgegeben. Das Buch ist vergriffen.

Da sich die Christenheit anschickt, am 27. Mai 1976 den 300. Todestag Paul Gerhardts zu bedenken, schien es mir angemessen, das Vorwort, das ich damals meiner Auswahl vorangestellt hatte, hier – in neuer, erweiterter Gestalt – als selbständige Arbeit nocheinmal vorzulegen.

Die Paul-Gerhardt-Kantate, auf die im Text die Sprache kommt, ist von Manfred Müller-Cant vertont. Das Werk (für Chor, Solostimmen und Orchester) erscheint 1976 im Hänßler Verlag, Stuttgart-Neuhausen.

Stuttgart-Rohr, im Advent 1975

Albrecht Goes